Un coeu

Robert Soulières

Illustrations : Steeve Lapierre

Directrice de collection : Denise Gaouette

Rat de bibliothèque

Données de catalogage avant publication (Canada)

Soulières, Robert

Un coeur en chômage

(Rat de bibliothèque. Série jaune ; 4)
Pour enfants de 6-7 ans.

ISBN 2-7613-1330-5

I. Lapierre, Steeve. II. Titre. III. Collection : Rat de bibliothèque (Saint-Laurent, Québec). Série jaune ; 4.

PS8587.O927C63 2002   jC843'.54   C2002-941542-X
PS9587.O927C63 2002
PZ23.S68Co 2002

Dépôt légal : 4ᵉ trimestre 2002
Bibliothèque nationale du Québec
Bibliothèque nationale du Canada

IMPRIMÉ AU CANADA   234567890 IML 0987654
                          10500   ABCD   JS16

Ce matin, je pars pour l'école avec mon frère.
Comme d'habitude, je dois l'attendre.
Il est toujours en retard.

3

Maman travaille dans une banque.
Elle est partie depuis un bon moment.

 4

Papa reste à la maison.
Il doit trouver le temps long.
Mais il dit que non.

Papa nous regarde partir.
Il pousse des gros soupirs.
Il nous salue et oublie de sourire.

6

Il y a un mois, papa a perdu son emploi.
Ce fut un choc pour lui.
Pour nous aussi !

Papa est peintre en bâtiment.
Il aime peindre les maisons des gens.
Ses pinceaux et son escabeau
sont maintenant au repos.

Papa reçoit un peu d'argent
de l'assurance-emploi.
Mais ce n'est pas suffisant.
Heureusement, il y a le salaire de maman !

Chaque jour, papa regarde le journal.
Il lit toutes les offres d'emploi.

 10

Papa écrit des lettres à des compagnies.
Il offre aussi ses services à des amis.

Papa téléphone à des gens qu'il connaît.

Il leur demande :

—Avez-vous besoin
  d'un bon peintre en bâtiment ?

12

Certains jours, papa est bien découragé.
Il ne sourit pas du tout.
Chercher un emploi,
c'est un travail à temps plein !

D'autres jours, papa est confiant.
C'est comme le temps qu'il fait.
Certains jours, il pleut.
D'autres jours, le soleil est brillant.

 14

Je rentre à la maison. Ça sent bon.
Papa a préparé un bon spaghetti.
Sur la table, il y a même des bougies.

—J'ai une bonne nouvelle à vous annoncer,
  dit papa.
Le bonheur se lit dans ses yeux.
C'est merveilleux ! Papa sourit enfin.